GUÍA DE LECTURA

Escrita por Laure De Caevel
Traducida por Marta Sánchez Hidalgo

Oscar y Mamie-Rose

de Éric-Emmanuel Schmitt

Entiende fácilmente la literatura con

ResumenExpress.com

www.resumenexpress.com

ÉRIC-EMMANUEL SCHMITT

ESCRITOR FRANCO-BELGA

- **Nacido en 1960 en Sainte-Foy-lès-Lyon (Francia)**
- **Algunas de sus obras:**
  - *Oscar y Mamie-Rose* (2002), novela
  - *La parte del otro* (2001), novela
  - *La mujer del espejo* (2011), novela

Éric-Emmanuel Schmitt nació en 1960. Es catedrático de Filosofía y uno de los autores franceses más leídos en el mundo. Vive en Bruselas y empezó su carrera de escritor en el teatro con *La noche de los Valognes* (1991), una variación del mito de Don Juan, y *El visitante*, obra en la que Freud recibe la visita de un hombre enigmático que asegura ser el mismo Dios. Al mismo tiempo que escribe para el teatro, se dedica también a la novela (*La parte del otro*, 2001), al relato corto (*Odette Toulemonde y otras historias*, 2006) e incluso a la autoficción (*Ma vie avec Mozart*, 2005). Recientemente se ha puesto detrás de las cámaras y ha adaptado al cine dos de sus obras, entre ellas *Oscar y Mamie-Rose*.

OSCAR Y MAMIE-ROSE

UN RELATO LLENO DE EMOCIÓN

- **Género:** novela
- **Edición de referencia:** Schmitt, Éric-Emmanuel. 2005. *Oscar y Mamie-Rose*. Traducido por Alex Arrese. Barcelona: Ediciones Obelisco
- **Primera edición:** 2002
- **Temáticas:** enfermedad, religión, hospital, infancia, vida, muerte

Oscar y Mamie-Rose, publicado en 2002, forma parte del «ciclo de lo invisible», una serie de novelas en las que el escritor presenta a niños que se enfrentan a distintas creencias. A través de las conversaciones entre un adulto y un niño, Schmitt enseña cómo la espiritualidad puede ayudar a las personas a vivir plenamente.

Esta novela nos presenta a Oscar, un niño que padece leucemia, a través de las cartas que escribe a Dios. Empieza a escribirlas siguiendo el consejo de Mamie-Rose, una anciana que se encarga de reconfortar a los niños enfermos con la que traba amistad. Además de tratar la espiritualidad, Schmitt llega a abordar con brío el difícil tema de los niños hospitalizados sin caer en lo melodramático.

RESUMEN

UNA INFANCIA EN EL HOSPITAL

Oscar es un niño de diez años que padece una enfermedad grave que le obliga a quedarse en el hospital. Allí conoce a Mamie-Rose, una anciana luchadora de *catch* a la que llamaban «la Estranguladora de Languedoc». Oscar acaba de salir de una operación, pero desde ese momento ve las cosas de otro modo: todo el mundo de su alrededor parece hipócrita, excepto Mamie-Rose. Es la única que es honesta y le hace entender que su trasplante de médula ósea no ha salido bien. Como se da cuenta de que se siente solo, le sugiere que escriba cartas a Dios para sentirse menos solo y para contarle a alguien lo que le pasa sin reservas. También le propone que pida un deseo al día. El primero es tener una respuesta a la siguiente pregunta: «¿Me voy a curar?».

Por desgracia la respuesta no es positiva. Se da cuenta porque sus padres, que suelen ir a visitarle los domingos, están en el hospital aunque no sea domingo. Oscar escucha a escondidas al Doctor Düsseldorf diciéndoles que no hay nada que hacer. Los padres, hundidos, se van sin atreverse a mirar a su hijo que, sin darse cuenta, se encierra en un armario de escobas. Cuando lo encuentran, con la única persona que quiere hablar es con Mamie-Rose. Le cuenta lo que ha visto y ella le vuelve aconsejar que escriba a Dios. También le propone que viva cada día como si fueran diez años para haber vivido así una vida entera. Así pues al final del día Oscar tiene diez años. A la mañana siguiente, sus padres le visitan y le hacen un bonito regalo: el CD de *El cascanueces* (ballet de Chaikovski, 1892). No reconocen que habían ido la noche anterior, así que Oscar se calla y se hunde en la música. Se sorprende un poco cuando, en el momento de la despedida, su madre se le echa a los brazos, pero él no se emociona.

Pero entonces sufre el período de la adolescencia y se enamora de Peggy Blue (llamada de este modo por su piel azul: tiene una enfermedad que impide que la sangre llegue a los pulmones, no se oxigenan y la piel adquiere un tono azulado. Mamie-Rose le empuja a que le diga a Peggy que la protegerá de los fantasmas durante la noche. Sin embargo, Palomitas afirma que Peggy quiere que sea él el que la proteja. Cuando Oscar se va con las manos vacías, se cruza con Sandrina, llamada la China (porque tiene leucemia y una peluca negra y lisa). Esta le da un beso, que él encuentra asqueroso. Más tarde, Mamie-Rose lo vuelve a enviar junto a Peggy para que le confíense sus sentimientos. En realidad, Peggy quiere que sea él y no Palomitas el que la proteja de los fantasmas. Oscar quiere casarse con Peggy: es su deseo del día.

LA EDAD ADULTA

Por la noche Oscar oye ruidos y se precipita en auxilio de su amada. Allí se da cuenta de que quien gritaba era Beicon. Beicon, al que se le llama de este modo porque se quemó mucho, tenía dolores a pesar de las cremas y los injertos. Por su lado, Peggy también pensaba que quien gritaba era Oscar. Entonces le pide que pase la noche con ella, él acepta y se casan. A la mañana siguiente, los enfermeros no están muy contentos de encontrarlos juntos, pero Mamie-Rose calma el enfado.

Unos días más tarde, a Peggy la tienen que operar y Oscar pide el deseo de que, sea cual sea el resultado de la operación, se lo tome bien. Oscar está tenso y se enfada al pensar en todos los niños que tienen enfermedades. Mamie-Rose le responde que los que están sanos también tienen problemas, depresiones, momentos difíciles, etc. Oscar le pide que lo adopte, como hizo con su viejo oso de peluche el día que sus padres le regalaron uno nuevo.

La operación de Peggy sale bien. Sus padres le dicen a Oscar que cuentan con él para protegerla.

A la mañana siguiente, Mamie-Rose lleva a Oscar a la capilla del hospital. Se asombra al ver la imagen de Cristo con su corona de espinas y clavos hundidos en las extremidades. Se indigna y dice que si hubiera sido Dios, habría evitado sufrir. Mamie-Rose le explica que existen dos tipos de sufrimiento: el primero físico, que se sufre; el segundo moral, que se elige.

Poco a poco sufre la crisis de los cuarenta y con ella llegan los problemas. Palomitas le contó a Peggy que Oscar había besado a la China. Aunque fue antes de que estuvieran juntos, la joven se entristece y termina con su relación. Oscar, todavía sorprendido, deja que Brigitte la trisómica lo bese por todo el cuerpo. Mamie-Rose le aconseja que, para acabar con sus tonterías, le confiese a Peggy lo que siente. A la mañana siguiente, Oscar le dice que solo le gusta ella y le pide que le perdone.

El día de Navidad, para evitar pasar una mala jornada con sus padres, organiza su fuga: sus amigos lo han metido dentro del maletero del coche de Mamie-Rose para que esté con ella. Más tarde, ésta se sorprende cuando lo encuentra en el umbral de su puerta. Le cuenta que sus padres están muy asustados por su desaparición. Oscar le replica que tiene la impresión de ser un monstruo para ellos. Mamie-Rose le hace comprender que tienen miedo de la enfermedad y no de él, que ellos también morirán un día y que estarán arrepentidos por no haberse reconciliado con su hijo. Oscar acepta al final que sus padres vayan a pasar la Navidad con él en casa de Mamie-Rose. Ven juntos un partido de *catch* y pasan una feliz Navidad.

LA VEJEZ

Oscar está cansado, tiene más de sesenta años. Pasa un día escuchando *El cascanueces* y sigue queriendo que Dios le visite.

A los ochenta años llegan sus reflexiones. Para empezar el día, Oscar le da vida a su planta del Sahara, regalo de Navidad de Mamie-Rose: toda su existencia se desarrolla en un solo día.

Ha leído con Peggy el *Diccionario médico* y se ha sorprendido por no encontrar nada para las palabras «vida», «muerte», «fe» y «Dios», que para él son lo más importante. Mamie-Rose le explica que no están porque no tienen ninguna explicación fija ni definida.

Al final del día, el Doctor Düsseldorf pasa por su habitación, parece abatido. Oscar le dice que no debe sentirse culpable de anunciar mala noticias a la gente porque no es culpa suya, lo que anima al médico.

Poco tiempo después, Peggy tiene que volver a su casa. Oscar está triste y se lo reprocha a Dios. Este va a visitarle. El joven lo distingue en el sol que se levanta: Dios le ha hecho comprender que tiene que verlo todo como si fuera la primera vez, que esa es la verdadera felicidad. Su deseo del día es que sus padres y Peggy puedan sentir lo mismo.

Oscar tiene cien años y es filósofo. Le explica a Dios que la vida es un regalo. En principio, parece indestructible, luego muy quebradiza y, al final, nos damos cuenta de que era un préstamo, que hay que devolverla y demostrar que nos la hemos merecido. Por desgracia, Oscar está cada vez más cansado. Es su última carta.

La siguiente está firmada por Mamie-Rose y anuncia a Dios el fallecimiento de Oscar. Está triste y le habla de todo lo que el niño le ha permitido vivir y sentir. En la posdata, revela que en sus últimos días, Oscar puso una nota en su mesita de noche en el que había escrito: «Que no me despierte nadie, sólo Dios».

ESTUDIO DE LOS PERSONAJES

OSCAR

Oscar no lleva la vida de un niño de diez años. Su enfermedad lo obliga a vivir en el hospital, donde se codea con niños enfermos que sólo ven a sus padres un día a la semana. Esta difícil situación le hace madurar rápido, aunque mantenga un lado infantil que se percibe en su ingenuidad.

Su sensibilidad se traduce en sus sentimientos hacia Peggy Blue. Es un niño encantador que a veces hace intervenciones llenas de verdades, por ejemplo cuando le dice al doctor Düsseldorf que se marche y descanse un poco. Necesita cariño, pero sus padres, que están muy asustados por su leucemia, son incapaces de darle lo que desea. Así que va a buscar ese cariño en Mamie-Rose. De hecho, él querría mantener con sus hijos una relación basada en la confianza y en las confidencias, pero no podrá ser.

MAMIE-ROSE

Es una anciana que visita el hospital. Se presenta a Oscar como una antigua jugadora de *catch* como para justificar su vocabulario a veces vulgar. Es muy honesta y no duda en decir lo que piensa, sea a las enfermeras para sermonearlas o a Oscar para hablarle de Dios. Se inventa torneos de *catch* y adversarios para explicarle al niño cómo concibe la vida. El objetivo de Mamie-Rose es que Oscar acepte la muerte y que la acepte, de algún modo, de la forma más grata posible. Como es mayor y tiene más experiencia, parece más creíble a ojos de Oscar. Para convencerle, utiliza tanto la didáctica como lo que llamamos dialéctica, un método de razonamiento que utiliza preguntas y respuestas.

¿SABÍA QUE...? LA DIALÉCTICA

En la Antigua Grecia, Sócrates, famoso filósofo del siglo V a. C ., usó la dialéctica en sus diálogos, escritos por su discípulo Platón. Está relacionada con la mayéutica, que significa etimológicamente «el arte de dar a luz», un método con el que Sócrates consigue que su interlocutor dé a luz el conocimiento verdadero que lleva en él. Nuestro filósofo lo consigue con un juego de preguntas sencillas con las que el otro se da cuenta de las contradicciones de sus ideas.

LOS PADRES DE OSCAR

Oscar los considera cobardes porque no llegan a afrontar su enfermedad. Tiene la sensación de que lo ven como un monstruo desde su trasplante fallido de médula ósea. Piensa que son incapaces de mantener relaciones humanas. De hecho, simplemente están perdidos, no saben cómo llevarlo, cómo decirle a su hijo de diez años que le quedan pocos días de vida. La situación se desbloquea en Navidad, cuando entienden que Oscar es consciente de la muerte y ha interiorizado la idea de que pronto se irá. En ese momento vuelven a ser los padres agradables que fueron antes de que apareciera la leucemia.

LOS NIÑOS HOSPITALIZADOS

En el fondo no son distintos de los otros niños, aunque en general crezcan más rápido porque se enfrentan a realidades que, normalmente, se evita mostrar a los niños. En *Oscar y Mamie-Rose*, todos tienen una particularidad y un mote: Palomitas pesa 98 kilos y tiene nueve años, Einstein tiene un cráneo más grande de lo normal lleno de agua, Beicon está quemado por completo y Peggy Blue (cuyo nombre hace referencia a Peggy Sue) tiene la piel azulada porque su sangre no se oxigena bien.

¿SABÍA QUE...? PEGGY SUE Y LOS INVISIBLES

Peggy Sue y los invisibles es una serie de literatura juvenil fantástica comenzada en 2001 por Serge Brussolo y que tiene hoy 12 tomos. Cuenta la historia de una niña que, a través de sus gafas, ve fantasmas y vive todo tipo de aventuras rocambolescas.

CLAVES DE LECTURA

DIOS COMO CONFIDENTE

En *Oscar y Mamie-Rose* se presenta a Dios más bien como un alivio, un confidente para Oscar, que como una fuerza todopoderosa. De hecho, Oscar no se curará, Dios no lo salvará. Mamie-Rose muestra que el Dios católico es un Dios que sufre y por eso está cerca de la gente.

No obliga en absoluto a Oscar a que crea, pero le enseña en qué tiene fe. Por otro lado, al principio del relato, el niño es agnóstico, es decir, duda de la existencia de Dios (este punto de vista es un poco paradójico porque al mismo tiempo le escribe cartas). Oscar tiene la sensación de que es otra invención de los adultos, como Papá Noel. A medida que avanza la historia, se siente más cercano a Dios y acaba considerándole un amigo al que le hace ver de vez en cuando que hay que aprovechar lo que tenemos y le cuenta algunas verdades.

LA RELACIÓN DE LOS NIÑOS CON LA ENFERMEDAD

La enfermedad de Oscar le obliga a vivir en un hospital. Schmitt nos presenta este tema de forma tierna y sencilla, pero no impide que el lector tome conciencia de la suerte que tienen los niños con buena salud: no tienen que luchar con los fantasmas (una bonita metáfora que representa el dolor) y tienen una vida de familia.

La relación de los niños hospitalizados con la muerte les hace madurar más rápido. Les da tanto miedo como a los otros, pero como conviven con ella, la dominan.

Quien habla de enfermedad y muerte también lo hace de sufrimiento. Oscar aborda muy poco sus males en sus cartas. A lo sumo habla de que se siente muy cansado y que duerme mucho. Sin embargo, el sufrimiento es muy real y tienen que convivir con él. Cuando Mamie-Rose va con Oscar a la capilla del hospital, le explica la distinción que hace entre el sufrimiento físico que se padece y el sufrimiento moral que se elige. Schmitt asegura que si se va más allá de las dificultades y se elige la felicidad, no habrá que afrontar el sufrimiento moral.

UN ESTILO ORAL Y TEATRAL

Por un lado, el autor usa un lenguaje familiar en su novela, lo que es lógico porque la obra se compone de las cartas que escribe un niño de diez años. Oscar tutea a Dios y utiliza giros y expresiones orales: «Sólo lo hago porque realmente no tengo más remedio» (Schmitt 2005, primera carta), omite el pronombre impersonal; «Ya me metieron esa trola» (*ib.*), etc. Oscar usa abreviaciones y expresiones familiares como «depre», «canguelis» etc.

Este registro familiar crea un efecto cómico. De este modo, la historia de un niño grave hospitalizado se construye en un contexto de humor. Además, hay que señalar que los motes de los niños son graciosos (Palomitas, Beicon) y hay comportamientos cómicas, sobre todo en el personaje de Mamie-Rose.

Por otro lado, esta novela recuerda a una obra de teatro:

- la división en cartas recuerda la división en escenas y actos. Además, como en las escenas de obras de teatro, las cartas empiezan y terminan con la llegada y salida de un personaje. Por ejemplo, la segunda carta comienza con la llegada de Palomitas y la duodécima termina con la despedida de Oscar;
- hay imprevistos en la trama, al igual que giros y golpes dramáticos, como con la huida totalmente inesperada de Oscar a casa de Mamie-Rose el día de Navidad o la visita del Dios al final del relato;
- los diálogos son abundantes y construidos con la forma de esticomitia (cadena de intervenciones cortas) seguidas de tiradas, es decir, de largas intervenciones que en el teatro permiten desarrollar el carácter de un personaje;
- el relato respeta más o menos la regla de las tres unidades propia del teatro clásico:
    - unidad de tiempo: la novela transcurre en doce días, un tiempo corto, aunque sea más lógico que la unidad de tiempo clásica (en el siglo XVII, la acción de las obras de teatro tenía que desarrollarse en veinticuatro horas);
    - unidad de acción: los últimos días de la vida de Oscar representan la acción principal;
    - unidad de lugar: lo esencial de la historia ocurre en el hospital.

LA FILOSOFÍA EPICÚREA

La novela también se puede considerar un cuento filosófico:

el personaje principal supera todo tipo de pruebas que le hacen crecer y le conducen a plantearse preguntas filosóficas. Además, la historia termina con una moraleja: hay que vivir cada día con intensidad.

Se puede relacionar esta moral con la filosofía epicúrea que invita aprovechar el momento presente. Por otro lado, Oscar considera que es esto el «secreto de Dios de ser incansable y feliz». De esta forma, podemos interpretar la obra como una oda al *Carpe diem* (locución latina que significa literalmente «Toma el día», es decir, «aprovecha el momento») por el juego de Oscar y Mamie-Rose en el que un día es como diez años: así lo obliga a aprovechar cada día en lugar de lamentarse porque no le queda mucho.

Además, la filosofía epicúrea no teme la muerte porque es sólo la dislocación de los átomos que forman nuestro cuerpo, lo que corresponde al estado en el que estábamos antes de nacer. Por ello, no hay ningún sufrimiento en la muerte. Mamie-Rose transmite esta idea a Oscar explicándole que no hay que temer lo desconocido.

¿SABÍA QUE...? EPICURO

Epicuro fue un filósofo griego del siglo IV a. C. Escribió muchos tratados que lamentablemente no nos han llegado. Conocemos du doctrina, el epicureísmo, gracias a Lucrecio en su *Sobre la naturaleza*.

Se suele caricaturizar el epicureísmo presentándolo como la búsqueda del placer sin límite. Sin embargo, el objetivo de la filosofía de Epicuro es la ataraxia, es decir, la ausencia de problemas: se trata de evitar el sufrimiento contentándose con los placeres compatibles con un estado de bienestar, sin exageración. El epicureísmo es la búsqueda de un placer que podemos encontrar en nuestra vida diaria y que no provoca dolor. De ahí la idea de aprovechar cada día plenamente tal y como nos viene.

¡Su opinión nos interesa!
¡Deje un comentario en la página web de su librería en línea,
y comparta sus favoritos en las redes sociales!

PARA IR MÁS ALLÁ

EDICIÓN DE REFERENCIA

- Schmitt, Éric-Emmanuel. 2005. *Oscar y Mamie-Rose*. Traducido por Alex Arrese. Barcelona: Ediciones Obelisco.

ADAPTACIONES

- *Cartas a Dios*. Dirigida por Éric-Emmanuel Schmitt, con Michèle Laroque. Francia, Bélgica, Canadá, 2009.
- *Oscar et la Dame rose*. 2003. Obra de teatro dirigida por Christophe Lidon. París: Comédie des Champs-Élysées, 2003.

ResumenExpress.com

Muchas más guías para descubrir tu pasión por la literatura

www.resumenexpress.com

www.resumenexpress.com

ISBN ebook: 9782806272713

ISBN papel: 9782806286482

Depósito legal: D/2016/12603/583

Cubierta: © Primento

Libro realizado por Primento, el socio digital de los editores